GW01314292

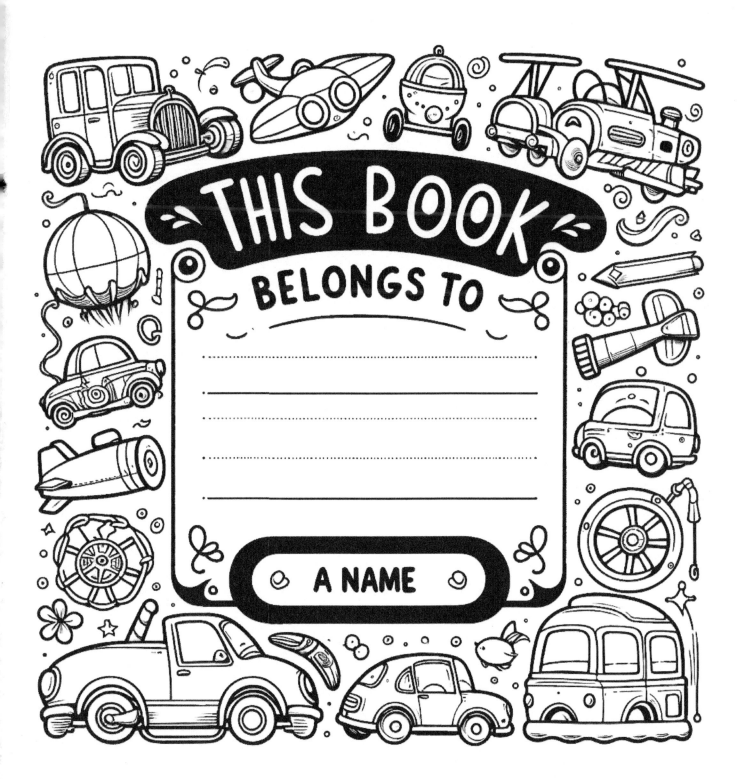

TEST

COLOR PAGE

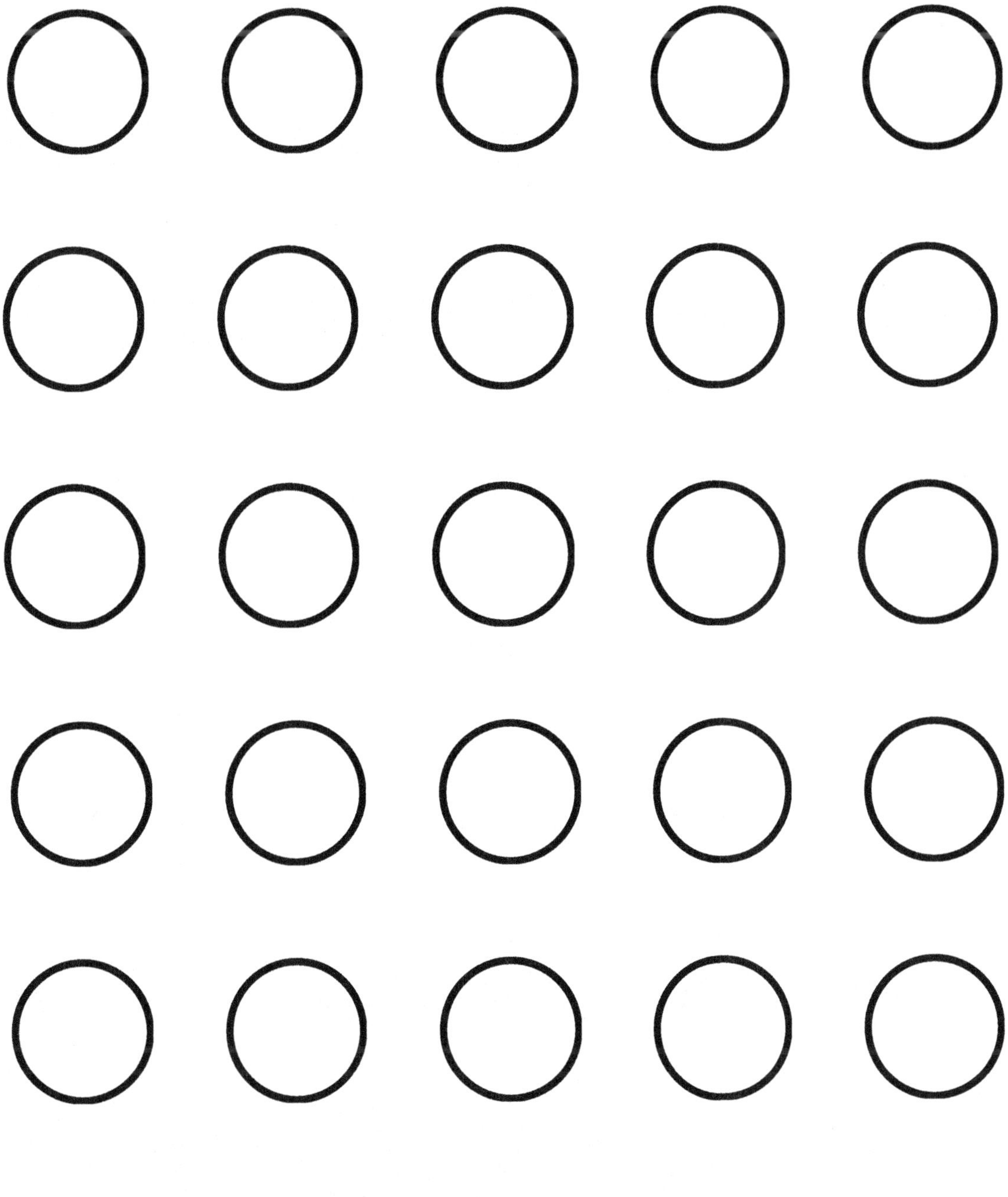

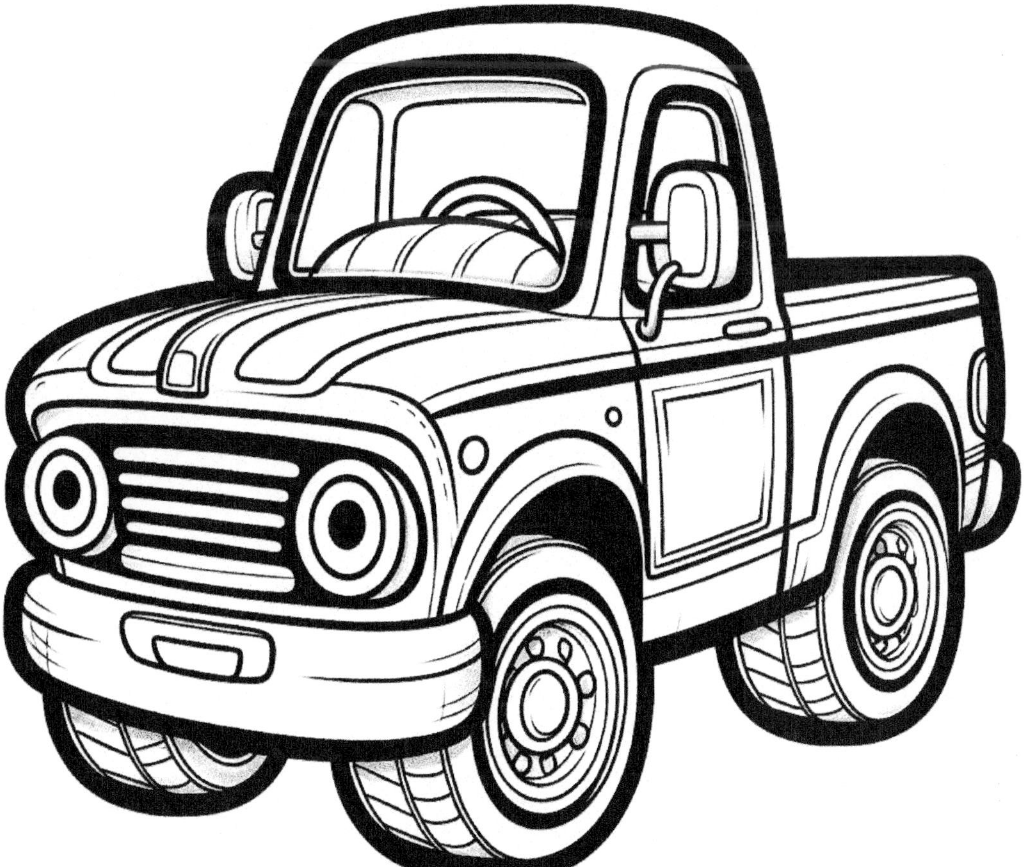

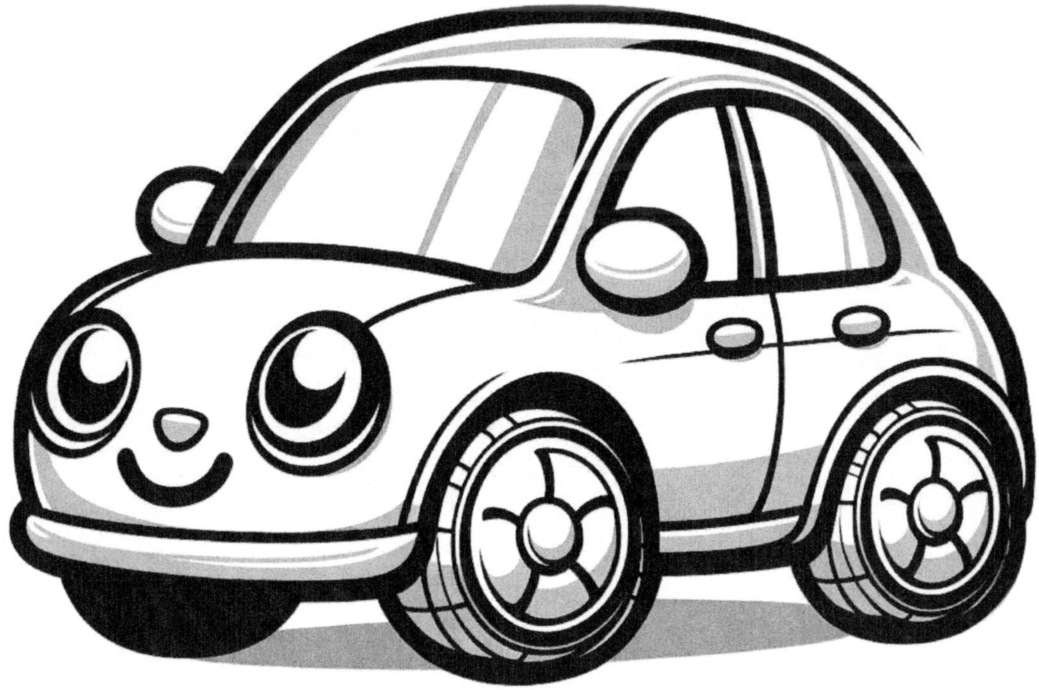

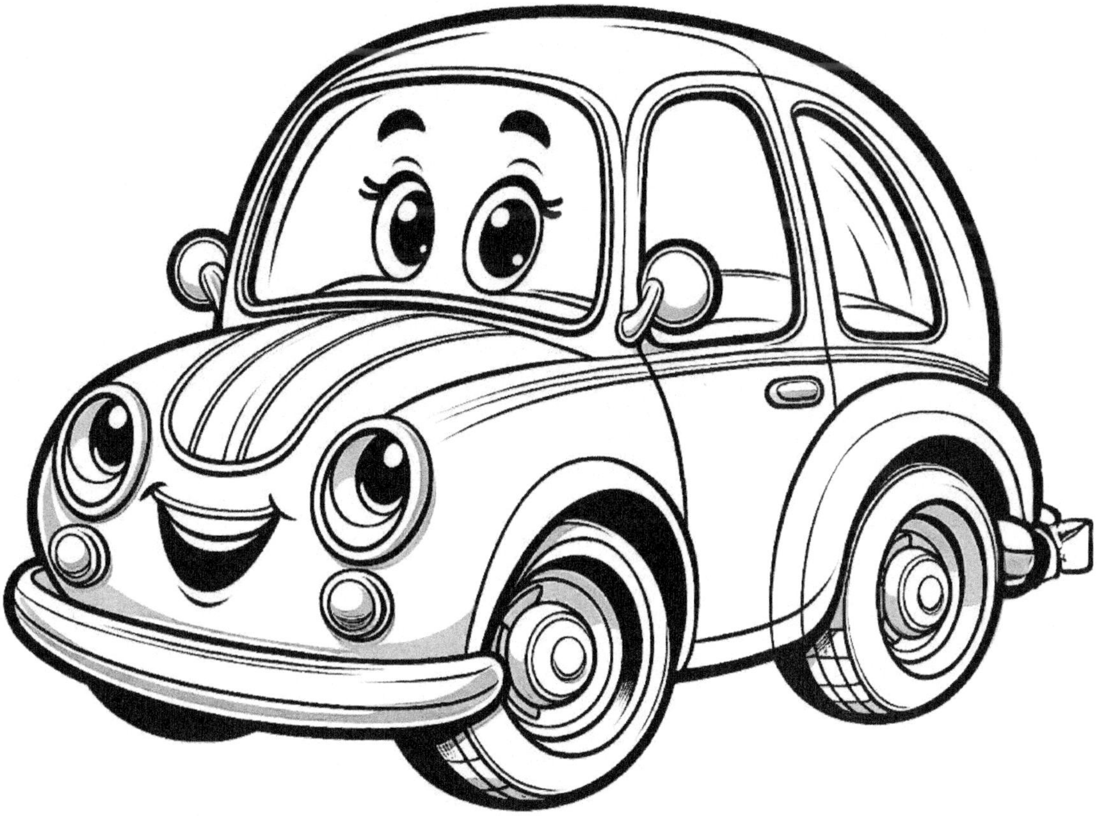

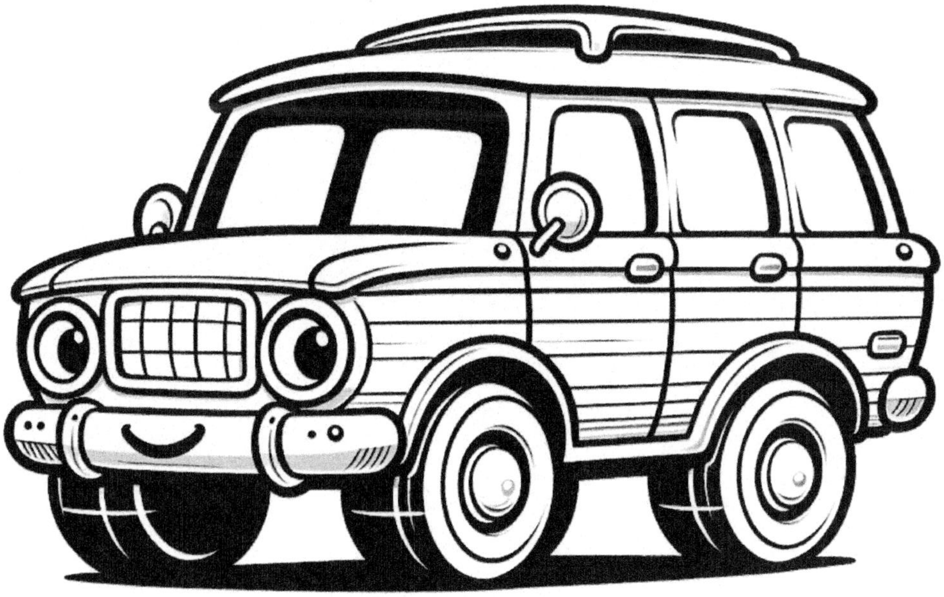

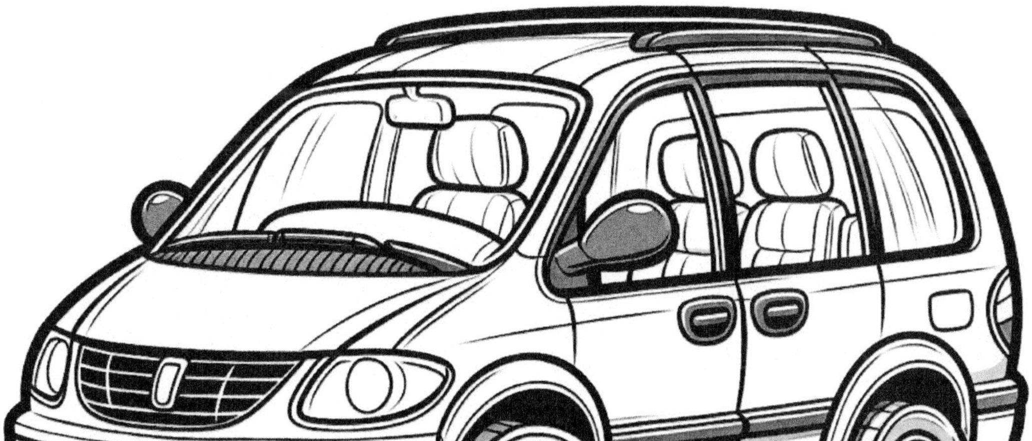

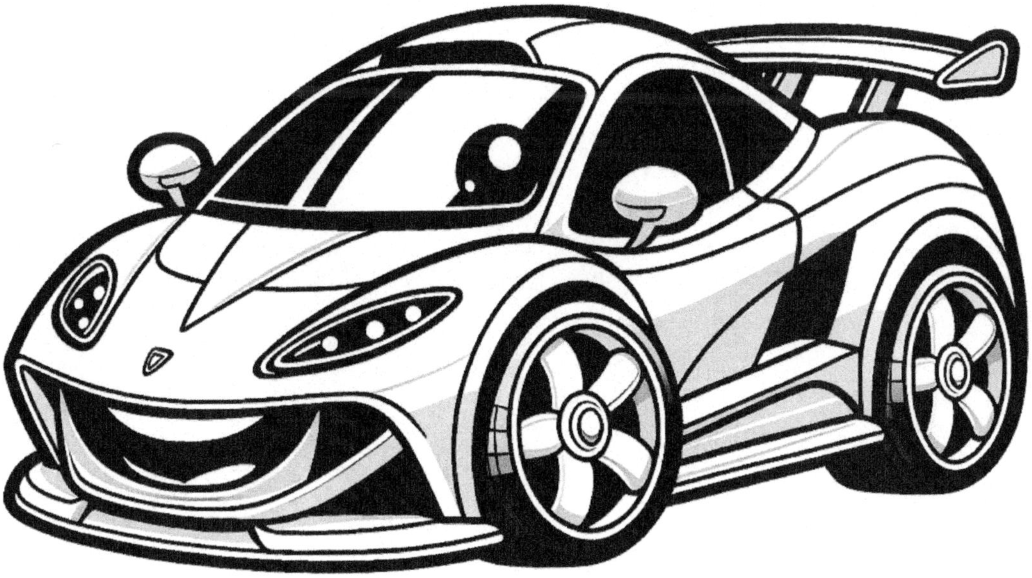

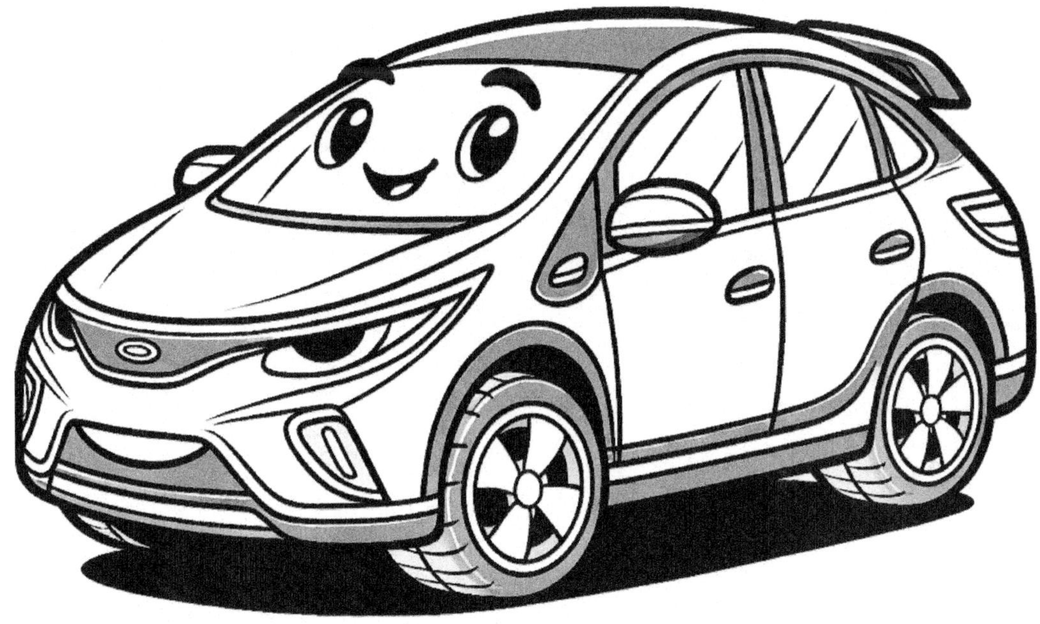

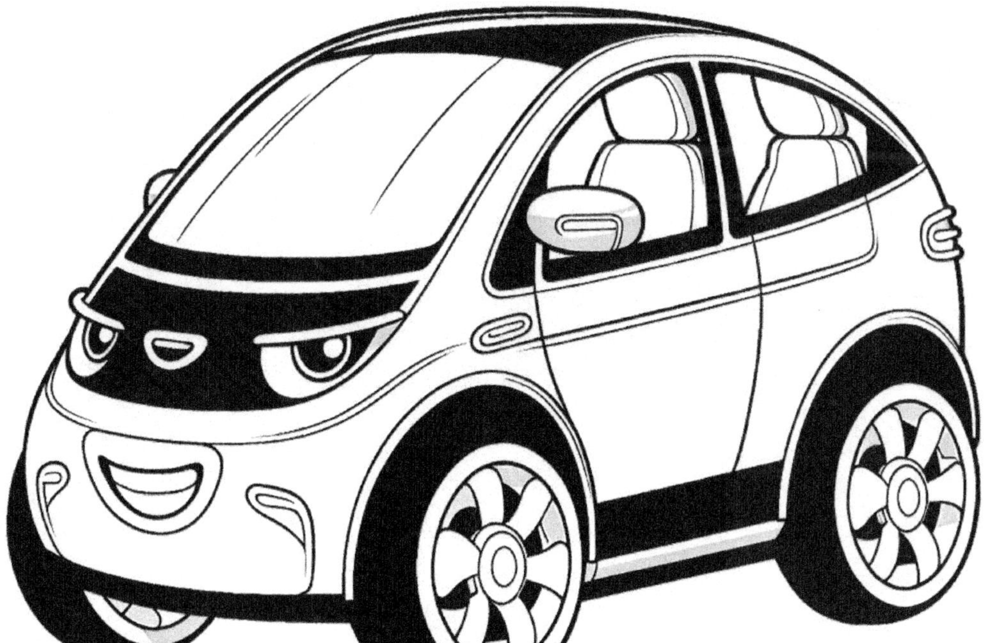

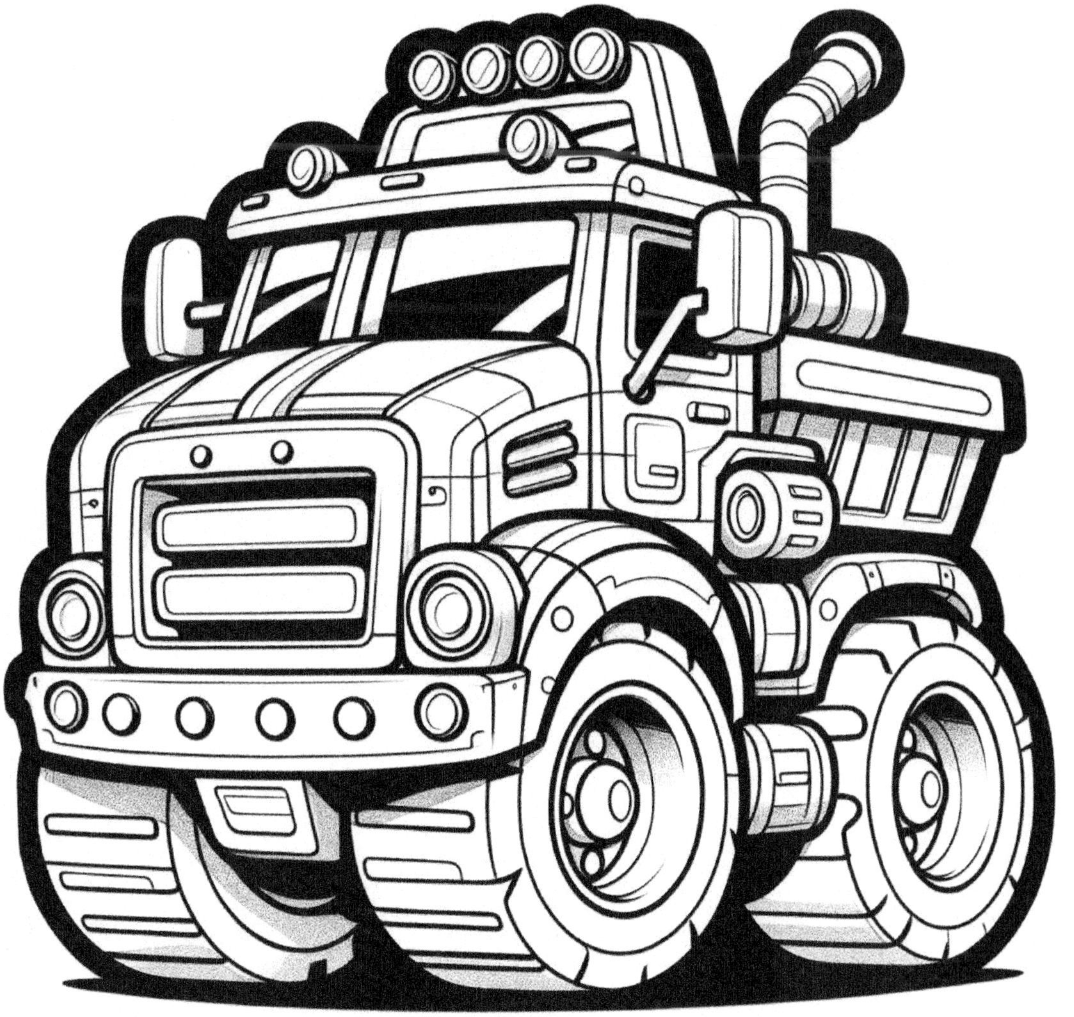

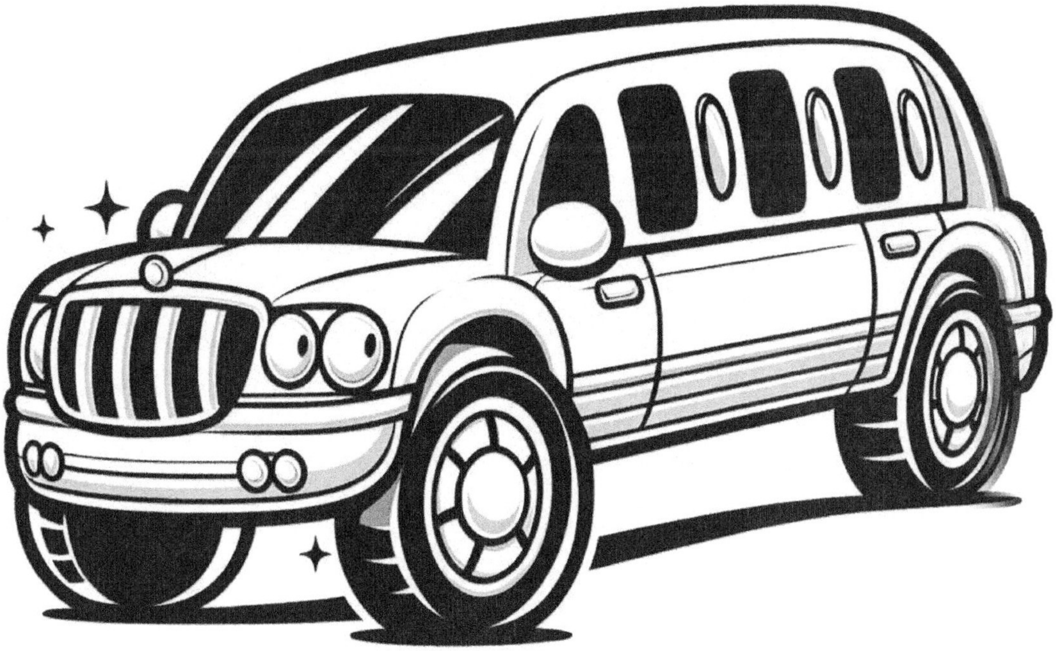

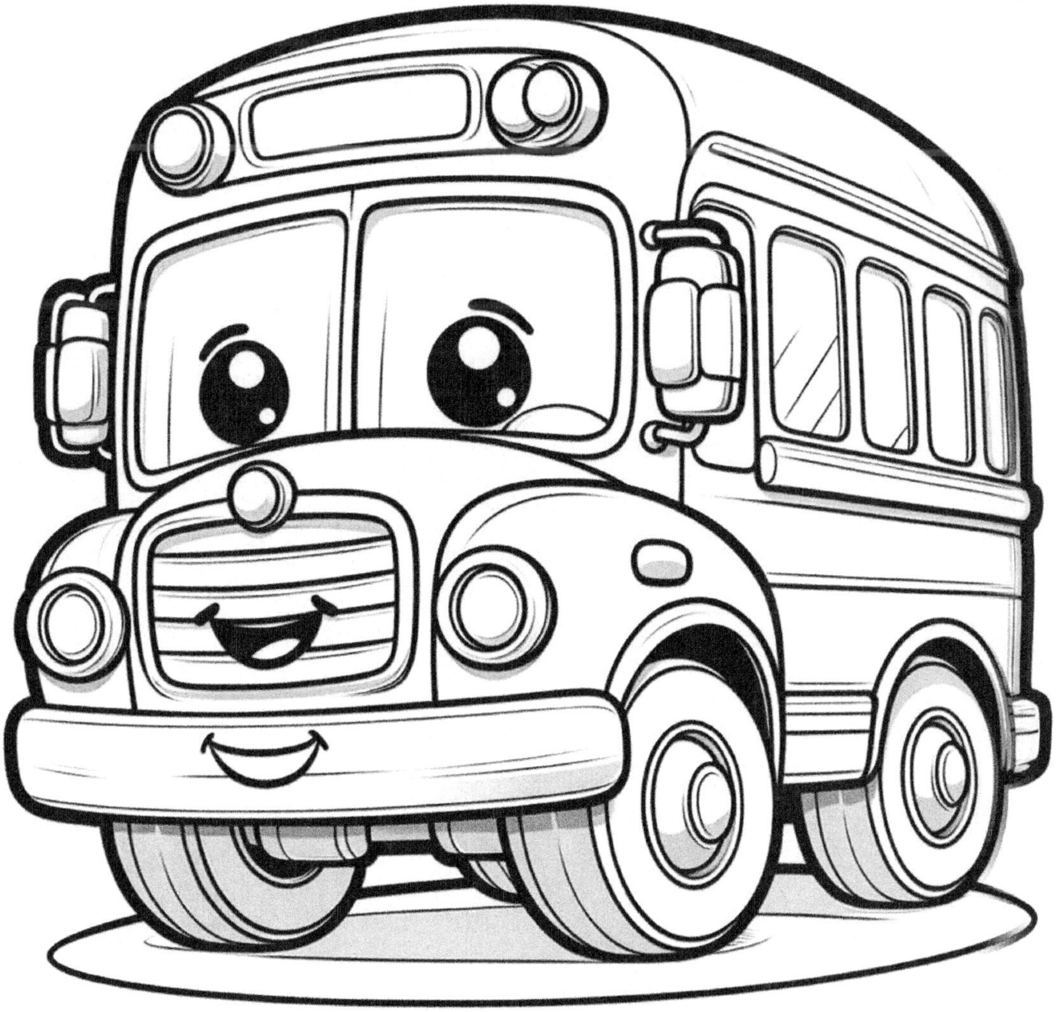

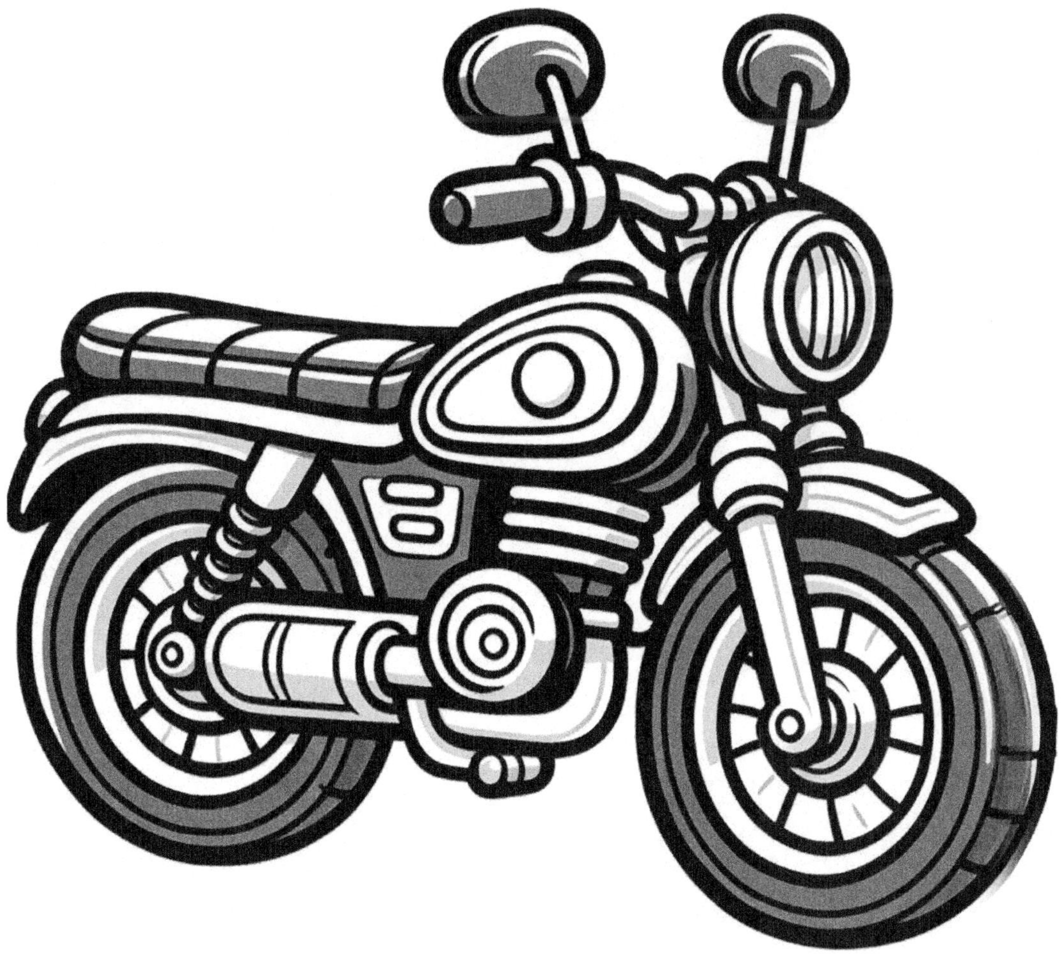

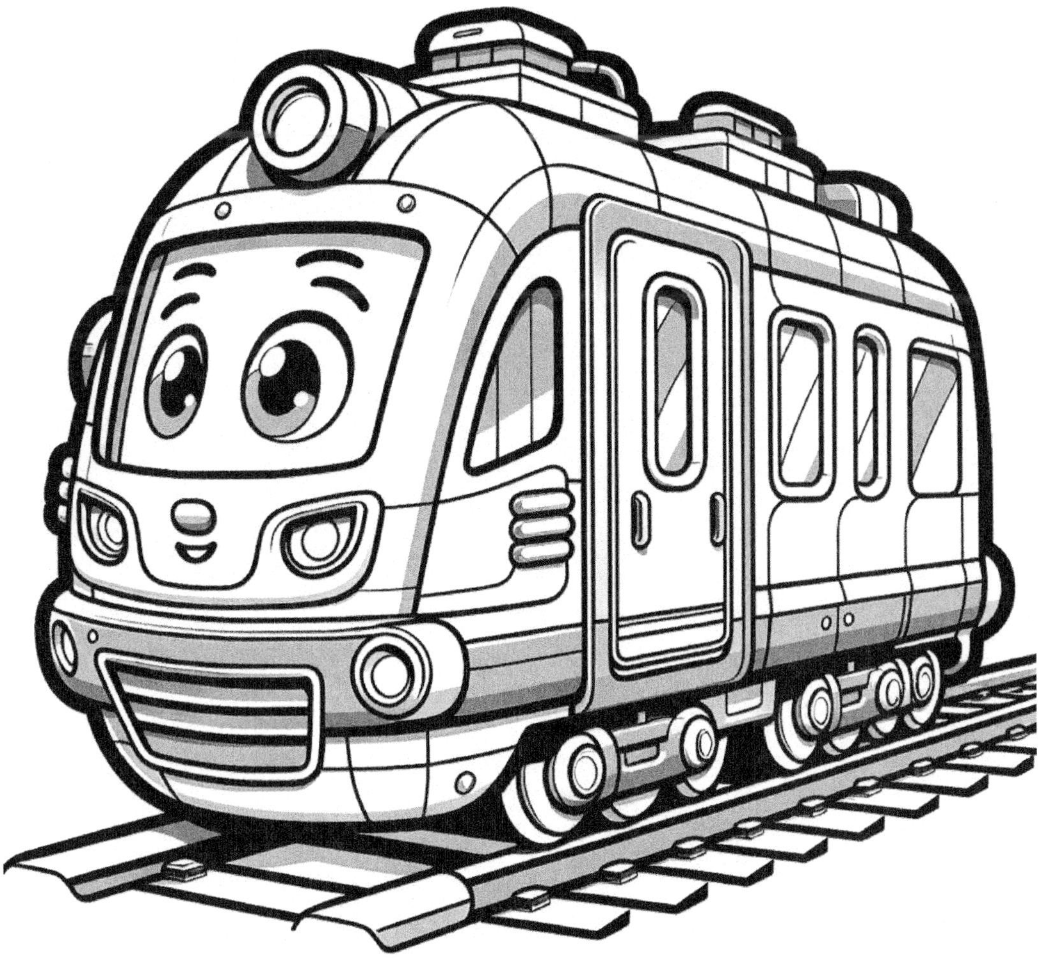

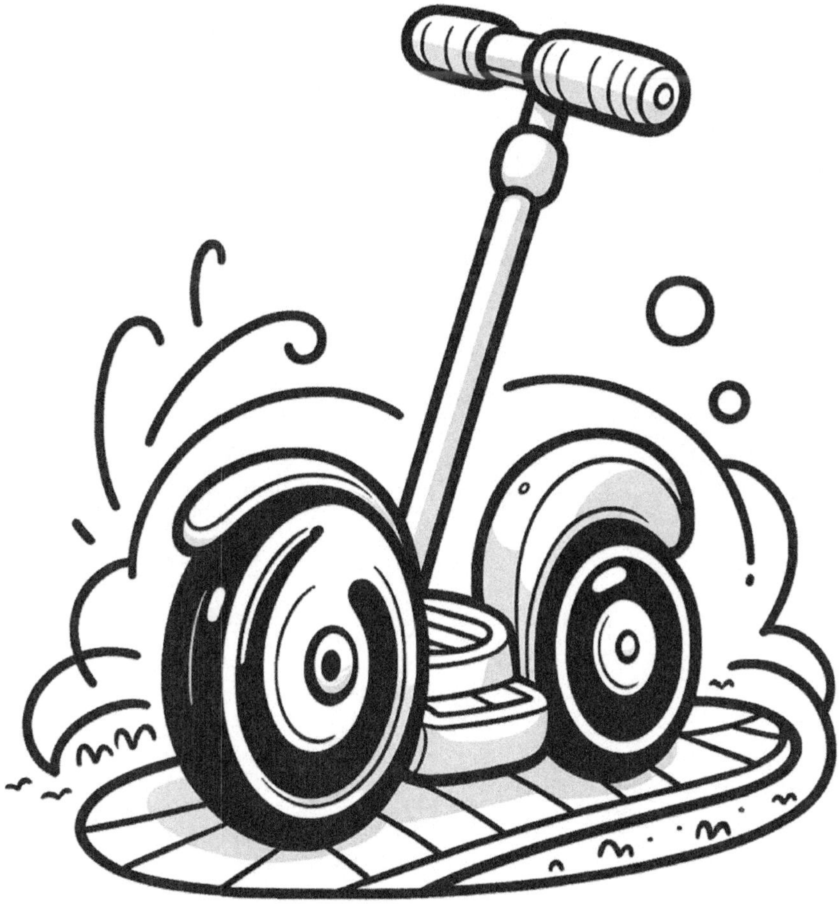

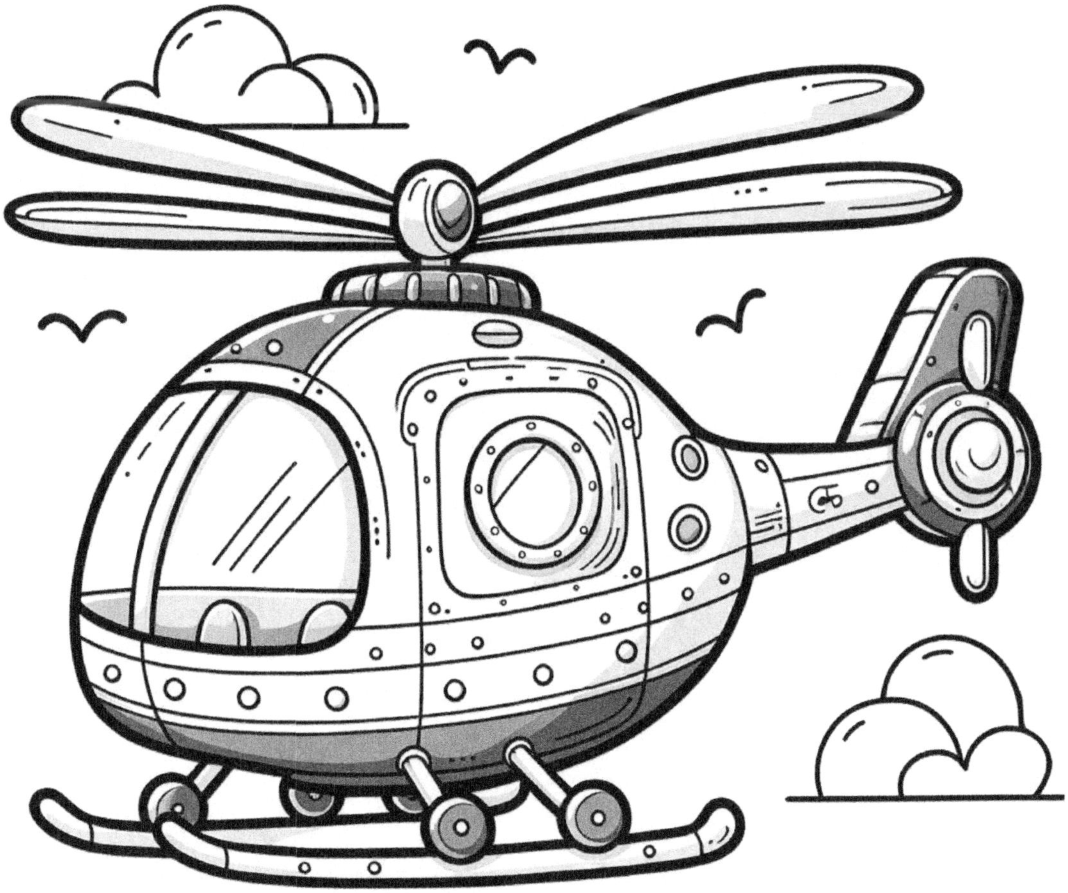

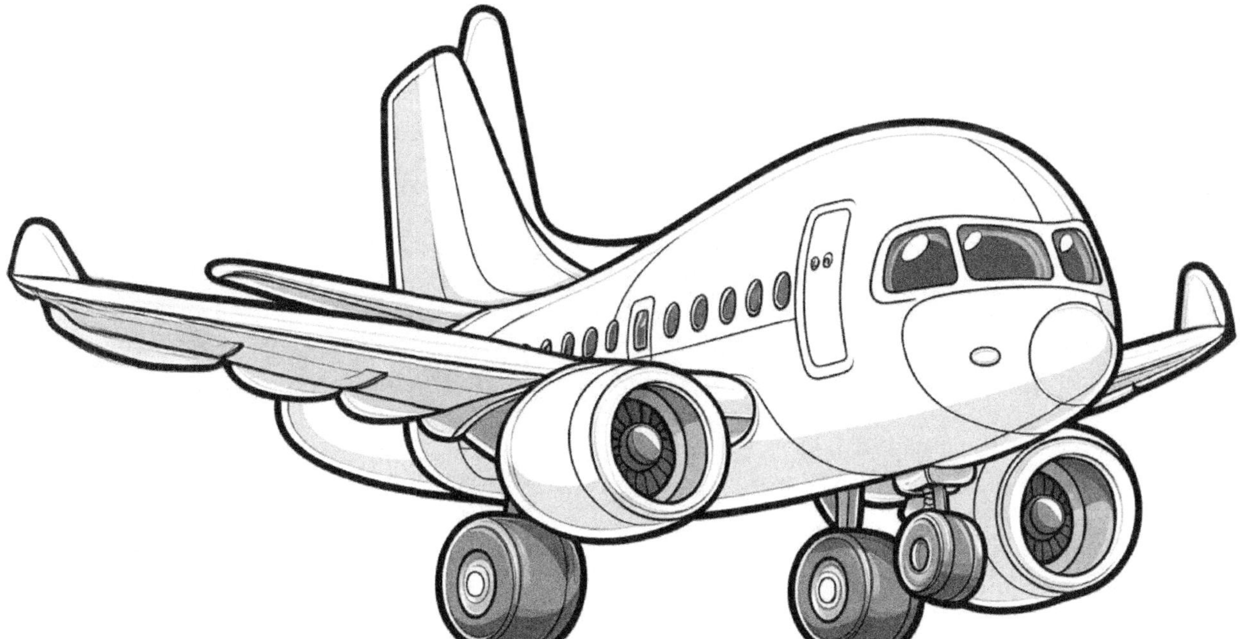

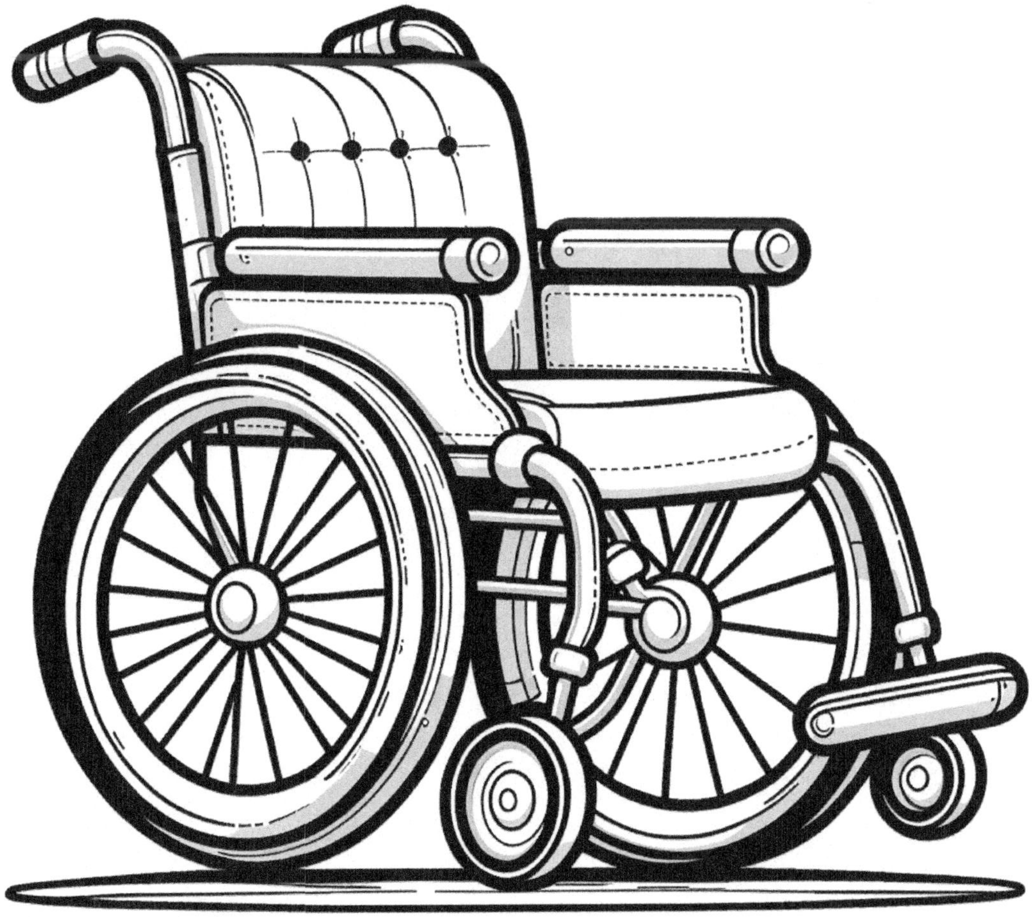

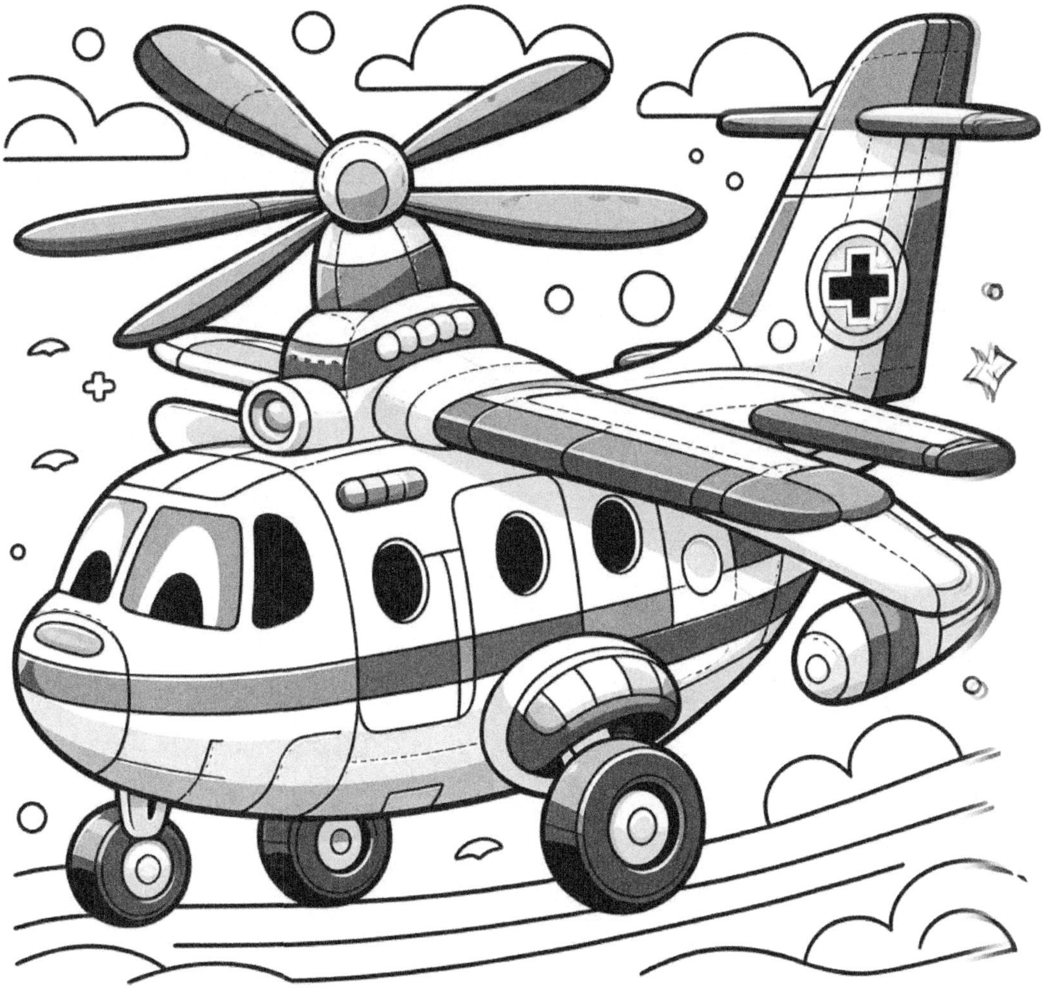

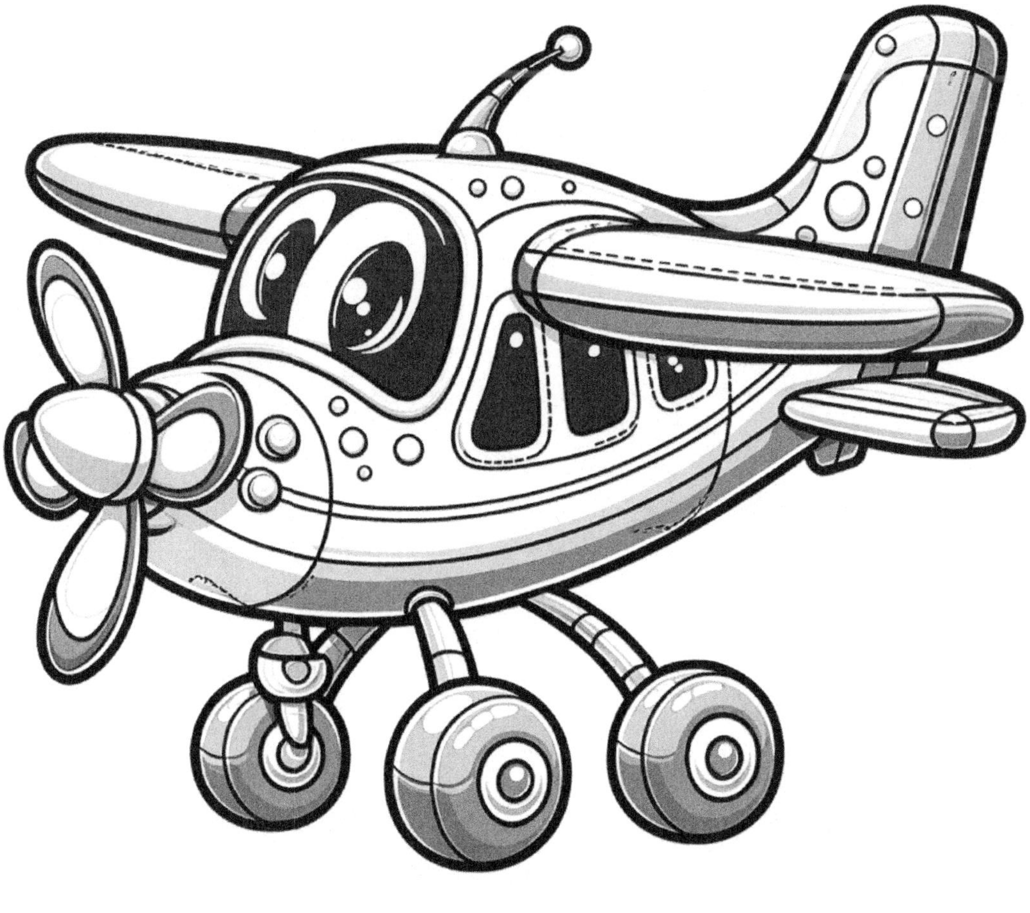

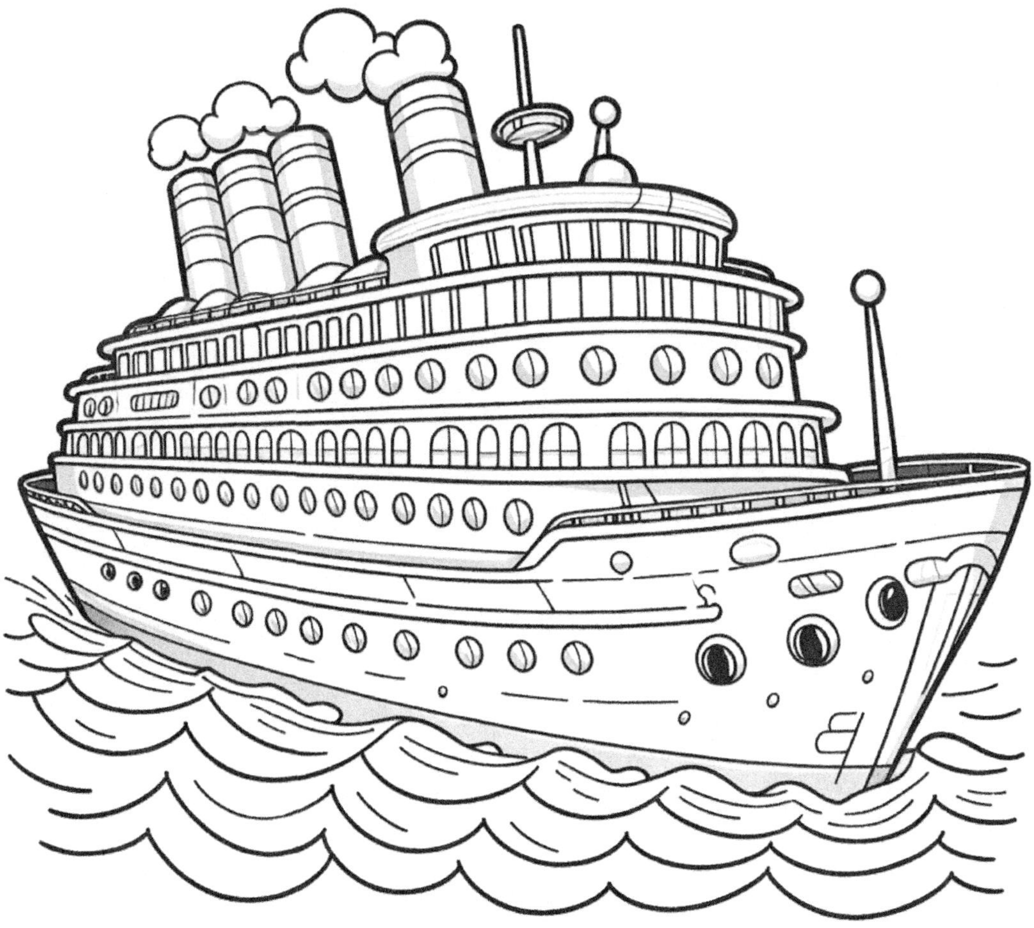

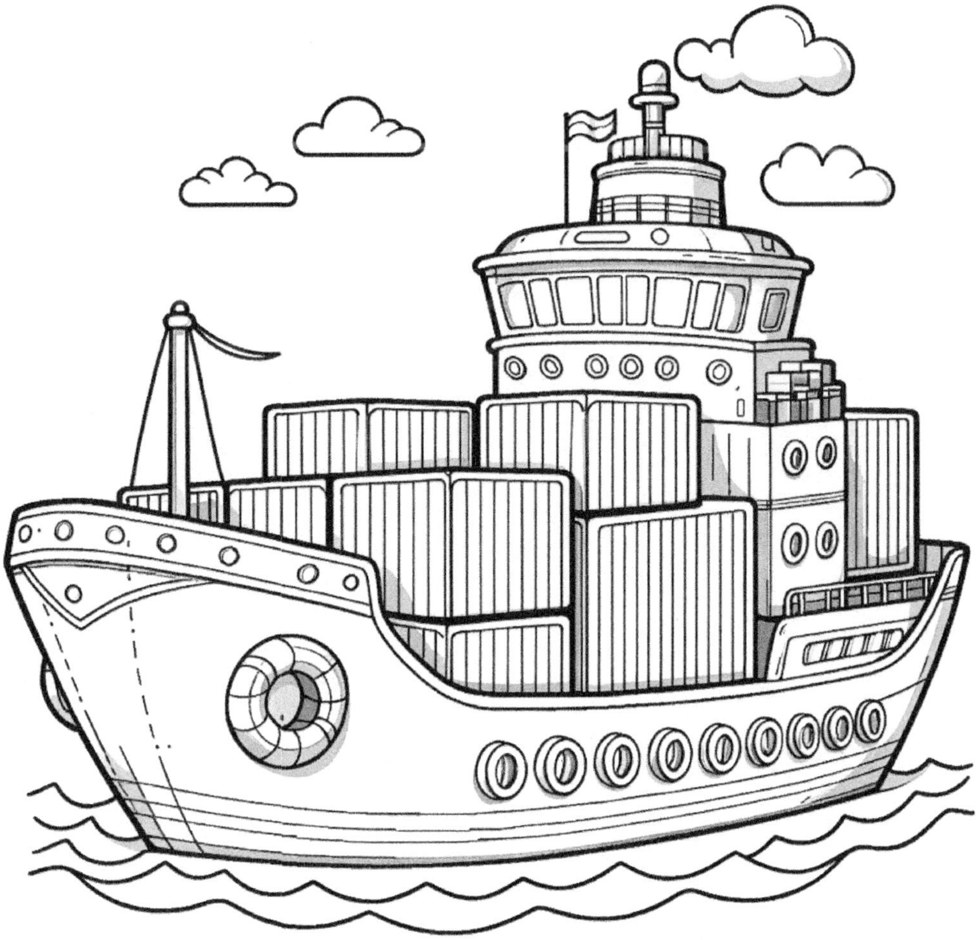

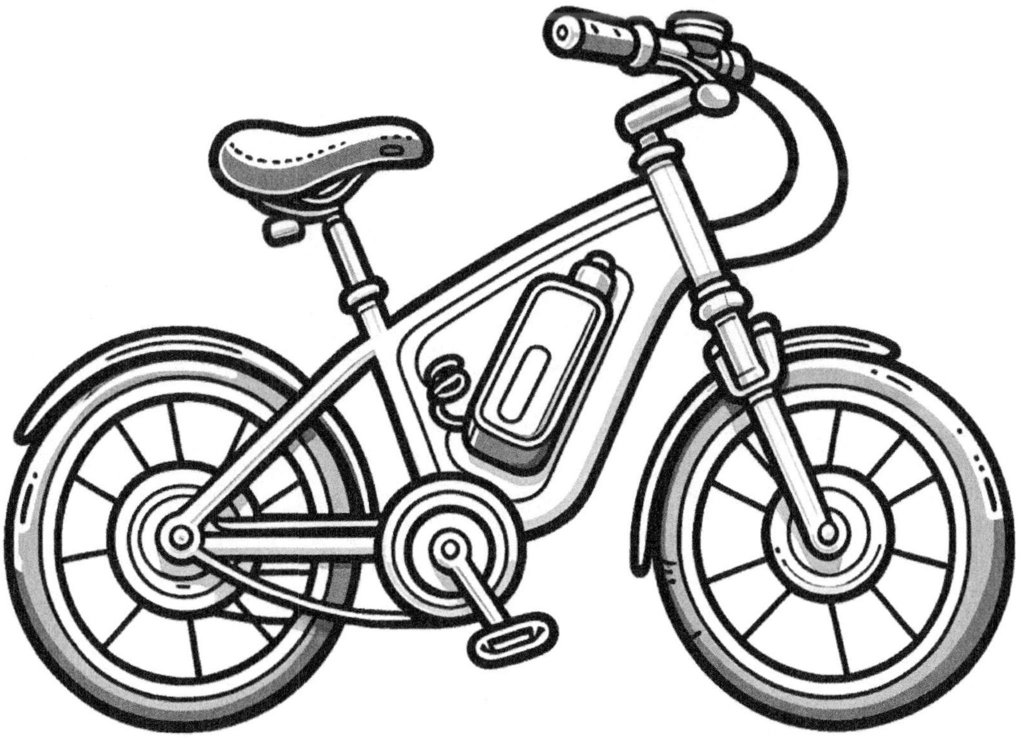

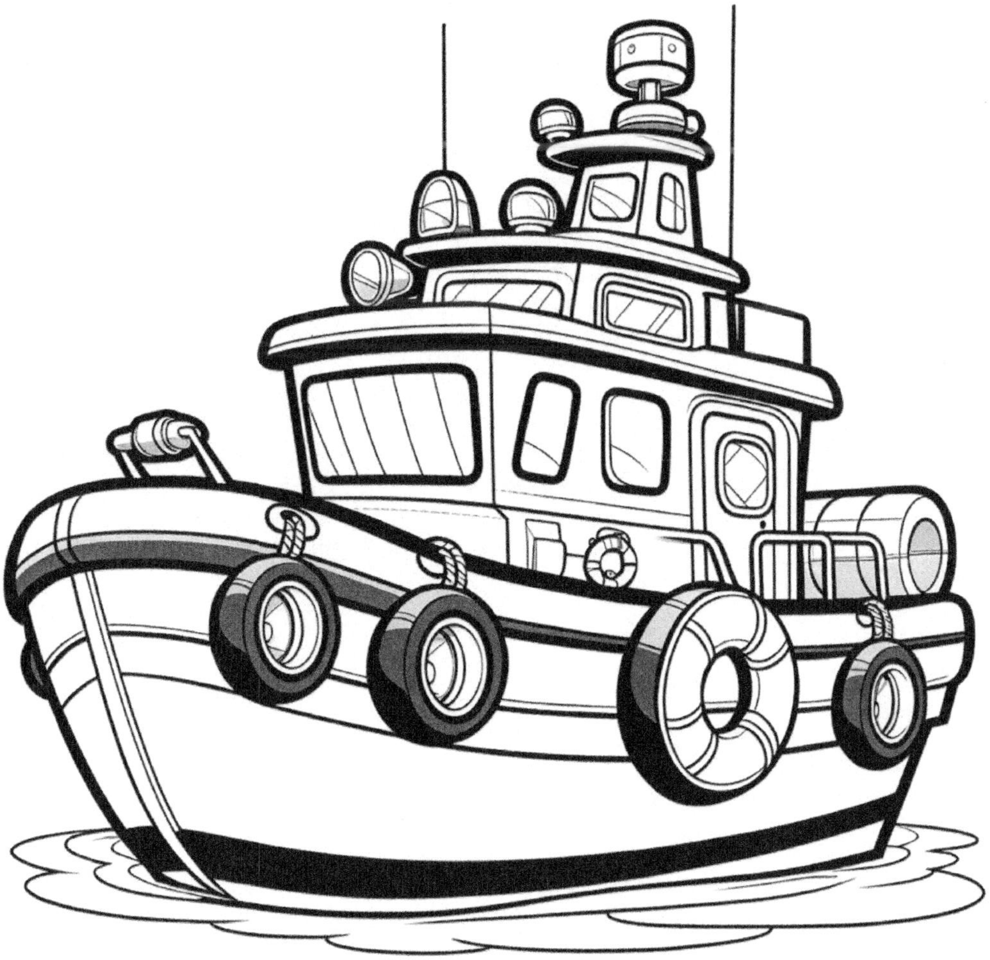

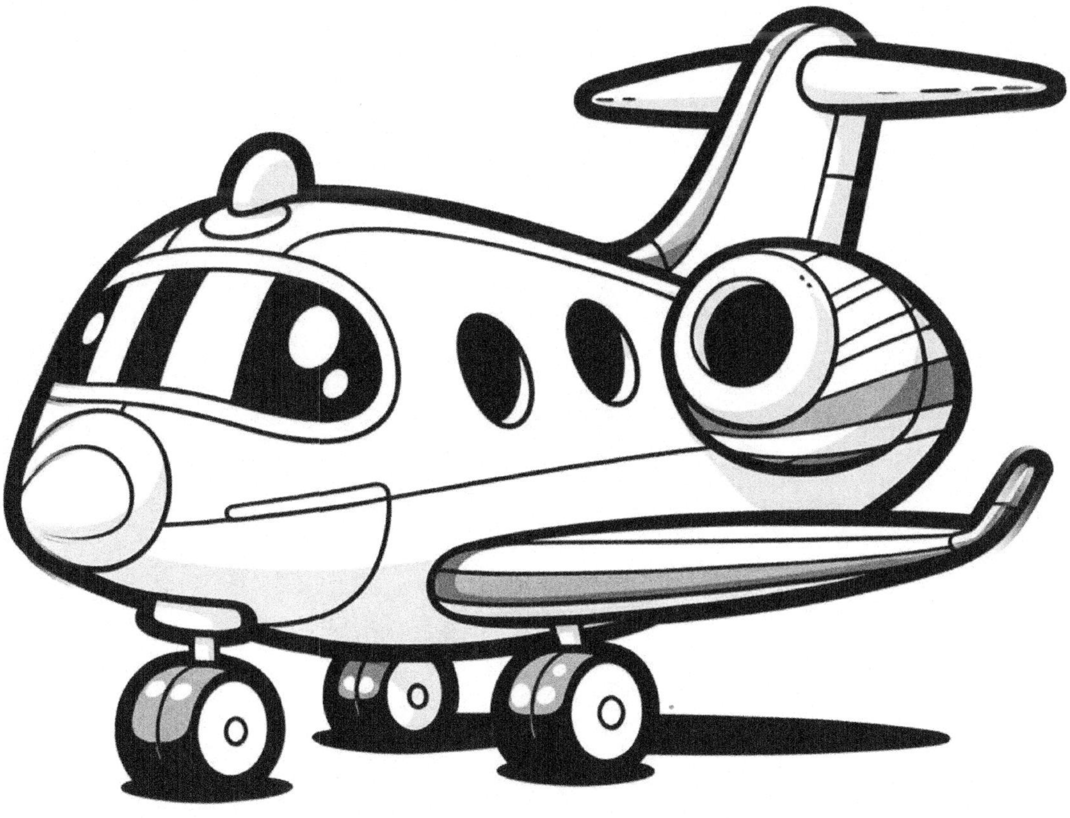

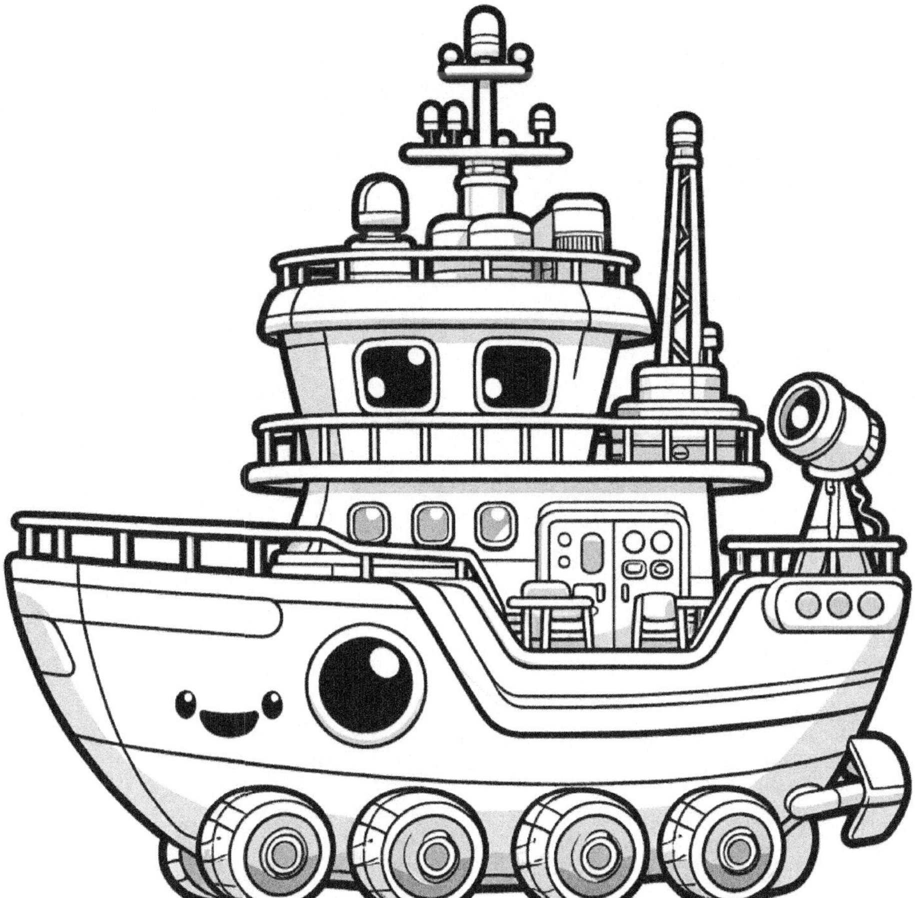

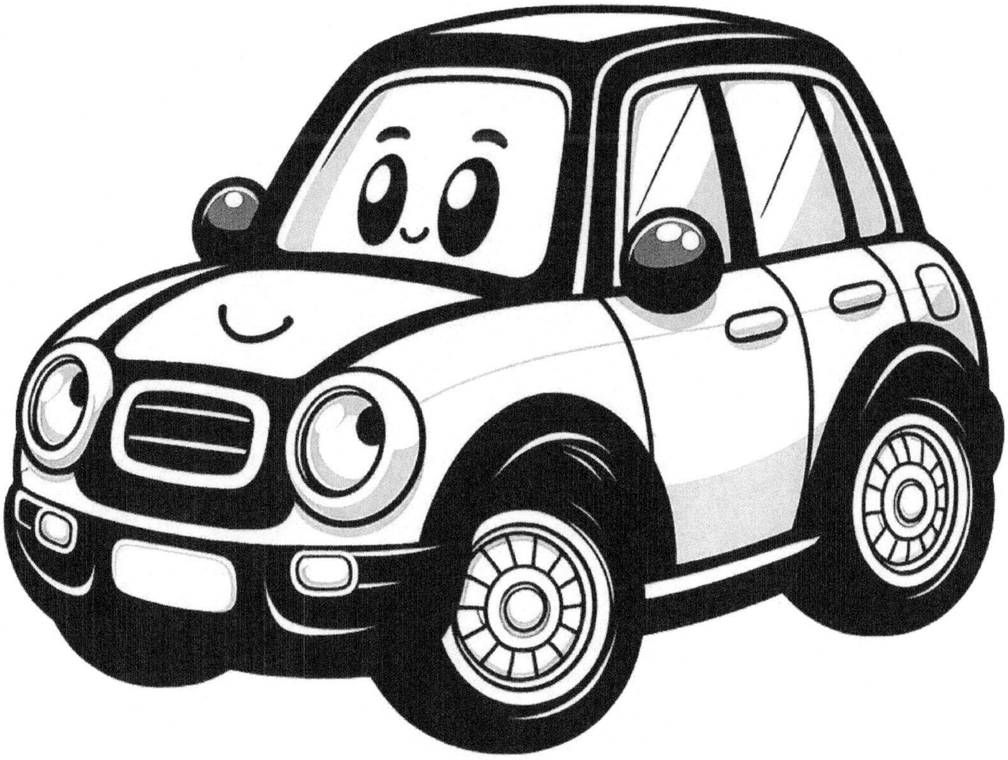

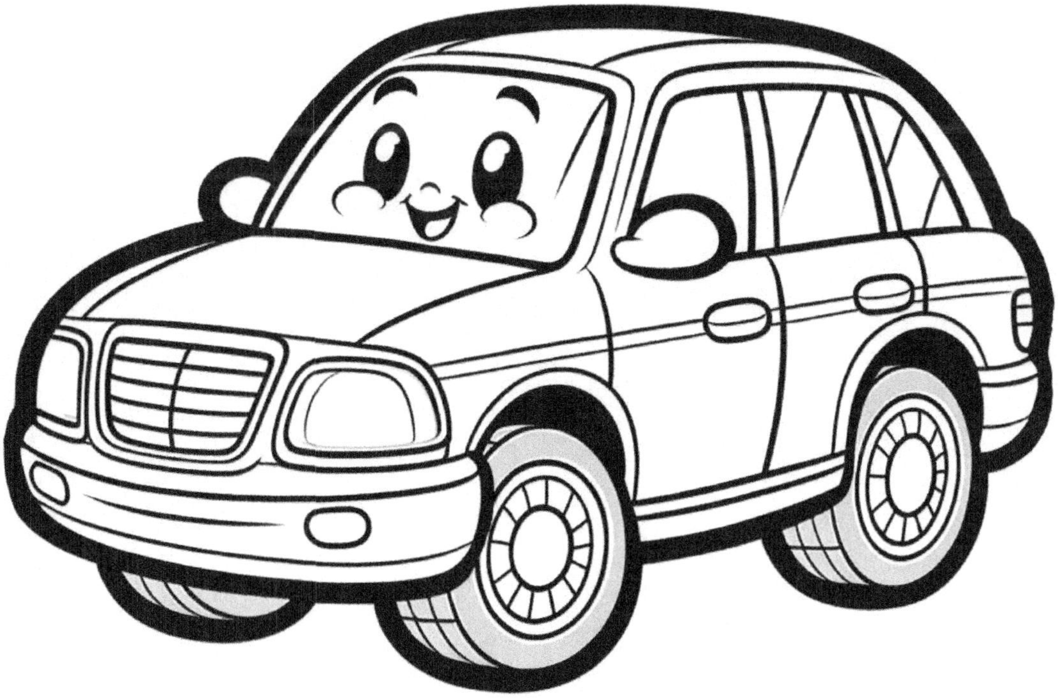

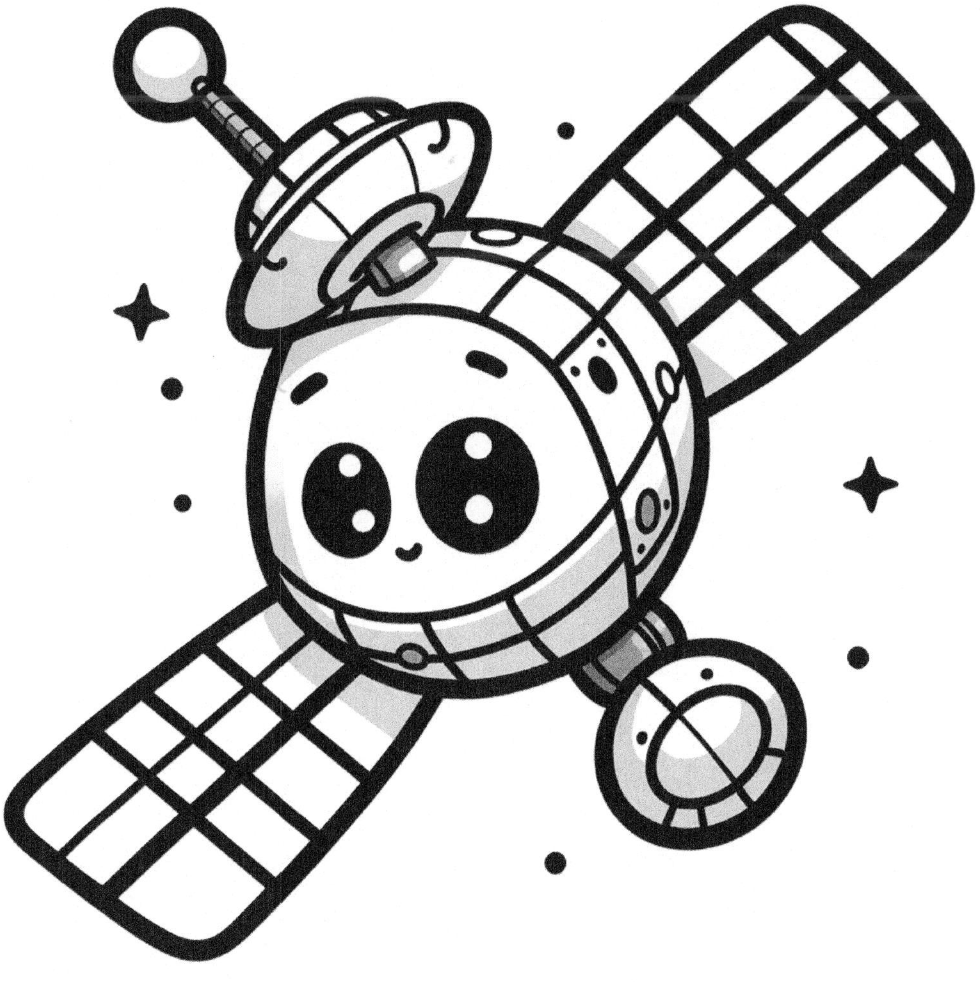

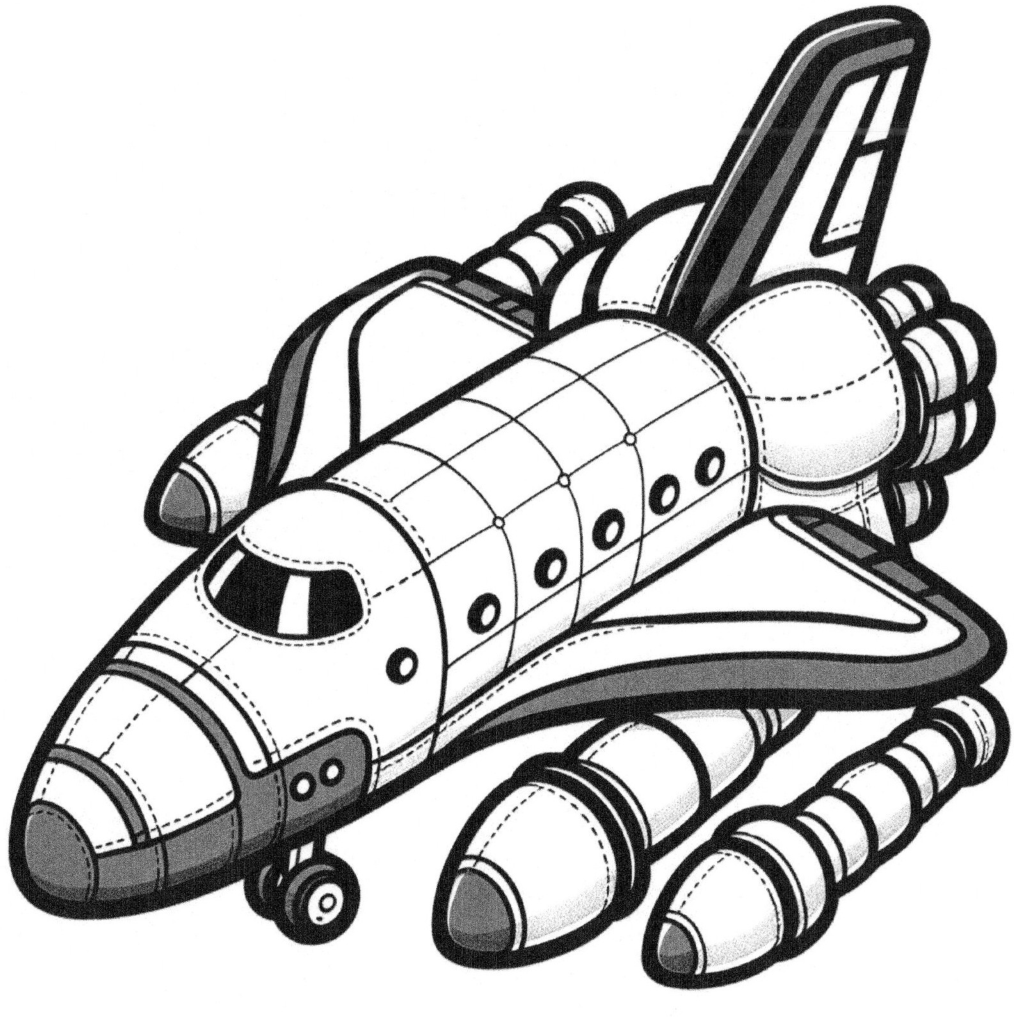

Printed in Great Britain
by Amazon

43602827R00071